目で学ぶ
シリーズ
3

見るだけでうまくなる！

バスケットボール
の基礎

著 森 圭司

実践学園中学男子
バスケットボール部監督

ベースボール・マガジン社

はじめに

「ちゃんと頑張れば、必ず成長出来る」

近年バスケットボール界は、世界で活躍する選手も出てきたり、Bリーグが出来て盛り上がってきています。クラブチームや部活動だけでなく、スクールやスキルコーチなど、学べる場が増えてきております。NBAやBリーグの試合やハイライトなどをオンラインでどこでも視聴出来たり、動画サイトでも様々な情報が発信されています。

ですが、バスケットボールを始めて身につけて行く上で、正しい知識を知らないで自己流に行うだけでは、なかなか上達しませんし、改善して行くのにも多くの時間と根気が必要になります。

そのため本書では、初期の段階、またジュニア期の段階でしっかりと身につけておきたい基本的な考え方や基礎的な技術を紹介しています。

バスケットボールにも他のスポーツにも特別な練習はありません。ぜひ、基本を大切に取り組んでみて下さい。すぐには上達しないかもしれませんが、チャレンジと振り返りのくり返しで必ず成長します。

そして、そこからワンランクアップするためのヒントや練習方法も紹介しています。

本書を、みなさんが「教わる」から「学ぶ」に変わる、自分をアップデートして行く、きっかけにしていただけたらと思います。

実践学園中学男子バスケットボール部監督　**森 圭司**

この本の使い方

ねらい

そのページに解説されている内容を習得する目的です。

タイトル

そのページで解説しているワザや練習の名前です。

ワザと練習の解説

写真やコート図を交えて、ワザやその練習の手順、内容を解説します。

こんなイメージ

解説だけでは伝わりにくい動きを補足します。

ねらい ディフェンスの頭上を越えるパスを覚える

18

オーバーヘッドパス

しっかりヒジを曲げる

① ボールを頭上に持つ
両手でボールを持ち、頭上へ持ち上げる。

② 1歩踏み出す
突っ立ったまま投げるのではなく、1歩踏み出してその力も利用する。

こんなイメージ

リリースポイントは高く
ボールをリリースするポイントは高く。手首のスナップを利かせて鋭く出すようにしよう。

ワンランクアップ

ボールのやや後ろを持つ
ボールの真横を持つとリリースのとき抜けてしまう。やや後ろを持てば力が伝わる。

060

ワンランクアップ

さらに1歩、踏み込んだものを紹介します。

この本は、主に中学校・高校の部活動で
バスケットボールに取り組んでいる方に向けた本です。
入門者、初心者が覚えておきたいワザやその練習方法、戦型などを
写真と図で解説しています。

コーチ
からの
アドバイス

頭上で構えて、サッカーのスローインのように投げるパスです。
チェストパスよりも強く投げられるので、離れている味方に
ボールを届けたいときや、ディフェンスの頭上を越えるパスを
出したいときに有効です。

3 ヒジ支点で腕を振る
前足に重心を乗せて行き、ヒジを支点にして
腕を前に振って行く。

4 手首でコントロール
最後に手首のスナップを利かせると、正確に
コントロール出来る。

✖ これはNG

振りかぶりすぎない
ボールを頭の後ろまで振りかぶりすぎない。大きく
時間の掛かるモーションだと背後のディフェンスに
取られたり、力が上に行ってしまうリスクが生じる。

061

動きのコツ

ボールをガードしつつ抜く
オフハンドは、ディフェンス
とボールの間に入れて、しっ
かりとガードする。

081

コーチからの
アドバイス

そのワザや練習がどんな
ものなのか、それによって
どんな効果があるのかを
解説しています。

これはNG

そのワザや練習をすると
きにありがちなミスを伝
えます。

動きのコツ

そのワザや練習で覚えて
欲しい動きや意識を解説
します。

CONTENTS

Column 1
「やれば出来る」(自己効力感) ······· 74

オフェンス
練習メニュー ·············· 75

Column 2
「何でだろう?」「出来てるかな?」
(自己モニタリング) ·············· 106

CONTENTS

練習に備えて
身体を作る

バスケットボール向きの身体を手に入れよう。
そのために必要なトレーニングを、体幹を中心に紹介。

01

バスケットボールの用具

ボール

サイズは3種類。ミニバスケットボールでは5号、中学以上は男子が7号、女子は6号を使う。

シューズ

各メーカーから機能性の高いシューズが発売されている。自分に合ったものを選ぼう。

ワンランク**アップ**

自分に合ったシューズを選ぶ

スポーツ店などで足型の測定をして、自分に合ったシューズやインソールを選ぶことが大事です。

コーチ
からの
アドバイス

必要なユニフォームやボールなどは、チームで管理することが
多いでしょう。個人で用意しなければならないものは、主に練
習用のウェアとシューズです。ケガの原因にもなるので、シュー
ズはサイズや素材など自分に合ったものを選びましょう。

ウェア

夏はTシャツ。冬はその上にトレーナーなどを重ね着しておく。動い
て身体が温まったら、脱いで体温調整が出来る。

ワンランクアップ

道具を大事に管理

道具を大切に出来ないと、プレーに責任
は生まれない。一見関係ないと思えるが、
道具に愛着を持つことは大事なこと。

02

コートポジション

コート各部の名称と長さ

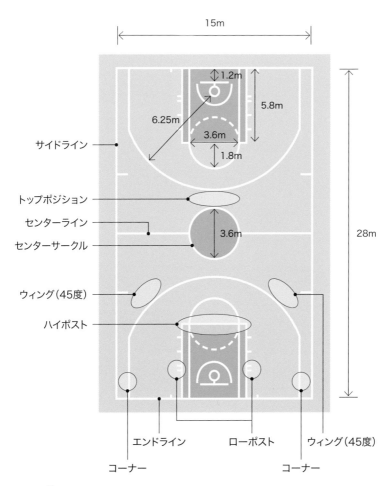

その他

インサイド：　リングに近い位置
アウトサイド：リングから遠い位置
ミドルライン：リングとリングを結ぶ仮想の線

ボールサイド：コートをミドルラインで分けて
　　　　　　　ボールがある側
ヘルプサイド：コートをミドルラインで分けて
　　　　　　　ボールがない側

コーチ
からの
アドバイス

バスケットボールのコートのサイズは、中学生以上は年齢や性別にかかわらず同じです。各部の名称を頭に入れておきましょう。ちなみに小学生対象のミニバスケットボールでは、コートは一回り小さく、リングまでの高さも低くなっています。

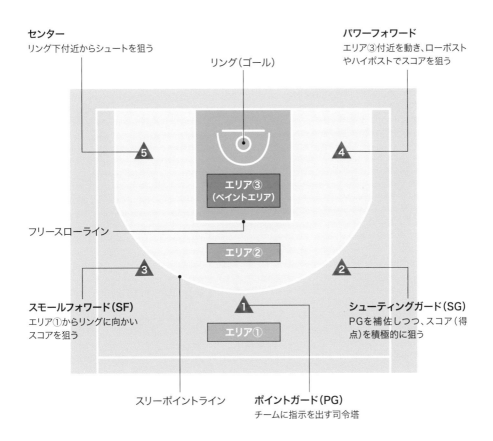

センター
リング下付近からシュートを狙う

リング（ゴール）

パワーフォワード
エリア③付近を動き、ローポストやハイポストでスコアを狙う

エリア③
（ペイントエリア）

フリースローライン

エリア②

スモールフォワード（SF）
エリア①からリングに向かいスコアを狙う

エリア①

シューティングガード（SG）
PGを補佐しつつ、スコア（得点）を積極的に狙う

スリーポイントライン

ポイントガード（PG）
チームに指示を出す司令塔

エリア①

スリーポイントラインの外側のエリア。セットオフェンス（攻める側が有利な体制になること）は、ここにボールを運んでからスタートする。ディフェンス（相手）はここまで出て守ることは少なく、攻撃のきっかけとなるプレーが行われる。

エリア②

スリーポイントラインの内側から、ペイントエリアの外側まで。ディフェンスはここから先には入られないように、激しく守る。攻撃側はまずはこのエリアにボールを入れて、ディンフェンスを崩すことを考える。

エリア③

いわゆるペイントエリア。名前の通り色で区分けされている。攻撃側には3秒制限が設けられていて、高い成功率が期待出来るこのエリア内からのシュートを狙う。ディフェンスはここに入られないように守る。

03 ウォーミングアップ①
ダイナミックストレッチ

ダイナミックストレッチ①　股関節と太ももの前面を伸ばし、股関節や足首の可動域を広げる。

ダイナミックストレッチ②　股関節の前後の可動域を広げ、太ももの裏を伸ばす。

動きのコツ

使う部位を意識する

形だけをマネするのではなく、どこの部位を動かしているのか、伸ばしているのか、意識しながら行う。

ワンランクアップ

お尻を上げる

お尻を上げながら上体をひねれば、より試合中の動きに近い刺激を身体に与えられる。

コーチ
からの
アドバイス

ウォーミングアップは身体の中心から温めます。まず太い筋や関節から動かし、だんだん細い部位を動かすようにします。身体が温まっていないうちから、無理に伸ばしたり、動かしたりするのは効率がよくありません。

ダイナミックストレッチ③　なるべくヒザを伸ばしながら足を上げ、太もも裏を伸ばす。

ダイナミックストレッチ④　まっすぐ前を向いたまま横方向に足を上げ、股関節の可動域を広げる。

04

ウォーミングアップ②
セルフマッサージ

ローラーバーで筋膜をほぐす

ローラーバーで皮膚をなでるようにして、筋膜に刺激を入れる。練習前にやるのは
もちろんだが、マッサージ効果があるので練習後に行っても疲労回復が期待出来る。

こんなイメージ

細かい筋肉にまで刺激を与える

ダイナミックストレッチでは届かない、細かい筋
肉にも刺激を与えるイメージ。専門的な知識は必
要ないので、どこでも手軽に身体をケア出来る。

コーチ
からの
アドバイス

筋肉に柔軟性を与える筋膜リリースは、専門的な知識がいらないので、自分1人でお手軽に出来ます。足の裏のような刺激を与えにくい場所はボールが有効です。太ももの裏やふくらはぎなどにはバスケットボールも使えます。

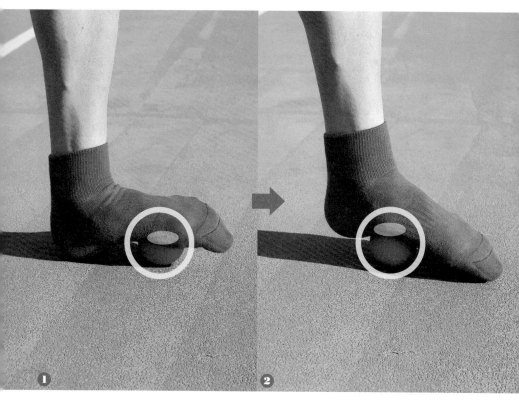

ラクロスボールを踏む

土踏まずのアーチには縦に大きな腱が通っている。ラクロスボールを踏んで、この腱に沿うように動かす。強い腱なので、体重を掛けて強い刺激を入れても大丈夫。

ワンランクアップ

用途に合わせてボールを変える

太ももなど、筋肉が大きい部位にはサイズを変えてバスケットボールを使うことも有効です。

05

ウォーミングアップ③
コーディネーショントレーニング

ボールキャッチ① 上下の刺激

片手でドリブルし、反対の手でテニスボールを投げ上げてキャッチする。バスケットボールは下向きの動き、テニスボールは上向きの動きというように別々の動作をする。

こんなイメージ

身体とボールの連携力を高める

身体をスムーズに動かす能力と、ボールを自在に操る能力を同時に高める意識を持とう。

コーチ
からの
アドバイス

コーディネーショントレーニングは、神経に刺激を入れて、自分の身体を自分の思い通りに動かせるようになるため行うものです。特に10代前半は神経系が大きく発達する時期なので、積極的に取り組んでほしいと思います。

ボールキャッチ② 左右の刺激

同じように左右で別々の動作をする。今度はテニスボールを高く上に投げ、その間にフロントチェンジで左右へ往復させる。動作の正確性に加えて、スピードも求められる。

06
ウォーミングアップ④
コーディネーショントレーニング

① ② ③ ④

ボールキャッチ③ 前後の刺激

ドリブルしながら、反対の手でテニスボールを投げ上げる。テニスボールが空中にある間に、バスケットボールを前後にレッグスルーしてから、キャッチする。

コーディネーショントレーニングは、反復練習が目的ではありません。出来るようになったら、その種目は卒業して、刺激の負荷やレベルを上げて行きます。ここで紹介したものも一例。いろいろな方法を取り入れて行きましょう。

① ② ③ ④

ボールキャッチ④ 後方の距離感を養う

同じようにドリブルしながらテニスボールを投げ上げる。空中にある間に、ビハインドザバックで1往復させてから、テニスボールをキャッチする。

 こんなイメージ

試合で必要な能力を鍛える

上下・左右・前後で別々の刺激を神経に与えることで、試合に必要なドリブルスキルやオフハンドスキル（逆の手でボールを守る）を身につけよう。

07 ウォーミングアップ⑤ 体幹トレーニング（バランストレーニング）

パターン① 横向きで支える

両ヒジ支点でうつ伏せ、片手支点で横向き左右。それぞれの形で30秒キープする。

パターン② 手足を伸ばす

パターン①の始めの姿勢から対角の手足を浮かせる。ねじれ方向に倒れそうになるのを抑える。

こんなイメージ

身体に1本の芯を入れる

体幹が弱いとお尻が上がりがち。腹部周辺を引き締めて、頭からカカトまで1本の芯を通すようにする。

コーチ からの アドバイス

体幹トレーニングは、あえて不安定な姿勢になって、それをキープするものです。不安定なので、気を抜くとふらつきます。そのふらつきを抑えているときが、まさに体幹に利いているということ。それぞれまず30秒を目標に行いましょう。

パターン③ ボールに乗る

手足の下にボールを置く。ボールが転がるのを抑えなければならないため、より不安定になり、トレーニング効果が高まる。ボール2個にすると、さらに難易度は高くなる。

08

ウォーミングアップ⑥
体幹トレーニング（スラックレール）

コーチからのアドバイス

10代前半は筋を大きくするよりも、体幹や神経系、持久系など
を伸ばすべきときです。細い板状のスラックレールと言う道具
を使うと、手軽に平衡感覚を養うことが出来ます。まずは両足。
次に片足を上げ下げ。さらに縦方向に歩いてみましょう。

両足立ち、片足立ち

まずはレール上に両足で立つ。そこから片足を
上げて、片足立ちをする。

レール上を歩く

レールの端から反対まで歩く。足を前に出すと
きに不安定になるため、身体の軸を意識する。

ワンランクアップ

歩きながらボールを扱う

ボールを持ったり、頭に乗せて歩く。ボー
ルの動きにも合わせなければならないの
で、よりバランスが必要。

基本の動きと技術

バスケットボールには、ドリブル・パス・シュートの3つのスキルがある。
状況に応じて使い分けよう。

ねらい ▶ 正しいボールの持ち方を習慣にする

ボールの持ち方・構え方①

1 ボールを持つ準備

両足を肩幅くらいに開いて、両足の前にボールを置く。

2 指の腹で持つ

手のひらではなく、10本の指の腹で支えるようにしてボールを持つ。

ワンランクアップ

手首を立てる

後ろから支える方の手首は立てておくと、すぐにプレーに移ることが出来る。手首にシワが出来るくらいがベスト。

コーチ
からの
アドバイス

良いボールの持ち方をしていなければ、良いプレーが出来ません。パスも、ドリブルも、シュートも、ボールを持った状態から始まるのです。いつでも瞬時に正しいボールの持ち方が出来るように、習慣づけておきましょう。

身体の正面を意識

身体の正面には
ボールを出さない

3 胸の前で持つ

正確に持てば、胸の前で持ったとき、叩かれても簡単には落ちない。

4 パワーポジション

ヒザを曲げて、胸を張り、利き手側の腰の横で持つことを「パワーポジション」と言う。

 これはNG

身体の正面にボールを出さない

ボールを構えるときには、身体の正面（両肩と両腰骨の間）には出さない。ディフェンスにスティールされやすくなってしまう。

ボールの持ち方・構え方②

① ボールを持つ準備

両足の前にボールを置き、背筋を伸ばして立ちます。

② 胸の前で持つ

5本の指を均等に開き、両手で挟むようにして、しっかりと持つ。

↑ ワンランクアップ

友だちと確認する

背中が曲がってないか、手首は立てているか、安定した姿勢になっているかなど、友だちに身体を押してもらって確かめよう。

⚙ こんなイメージ

足の指で地面をつかむ

骨盤を立てるようにして上体を起こすことで、足の裏に力が入る。足の指で地面をつかむ感覚を意識する。

正面からの姿勢は、鏡などに映して確認出来ますが、横からの姿勢は自分では見ることが出来ません。自分の姿勢や動作は、頭で描くイメージと違っていることがあります。友だち同士で姿勢を確認し合ってみましょう。

③ 腰の横で構える

利き手をボールの後ろにずらして、反対の手は横から支え、腰の横で構える。

④ パワーポジション

ヒザを曲げて、胸を張る。押されても、力が発揮出来るのが「パワーポジション」だ。

↑ ワンランクアップ

パワーポジション＝トリプルスレット

パワーポジションの姿勢はトリプルスレットとも呼び、状況に応じてドリブルやパス、シュートなど３つの動きにつなげることが出来る。

03

ボールに慣れる

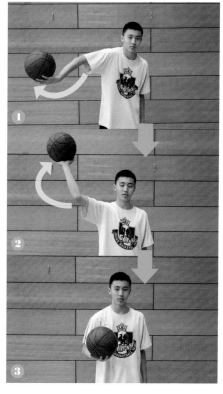

両手でタップ

両手で小刻みにタップする。胸の前、頭の上、頭の後ろと、位置を変えながら行う。

腕を上下にひねる

ボールを手のひらに乗せたまま、ワキの下から通して1回転。逆回しも行う。

こんなイメージ

指先の感覚を磨く

ボールに触れている時間は出来るだけ短くして、指先の感覚を磨く。

ワンランクアップ

背中でもやってみよう

背中でもタップしてみる。指先が下を向くので、これまでと違った感覚になる。

コーチからのアドバイス

ボールフィーリング（感覚）を高めることで、ボールを自由自在に扱えるようになり、技術の精度が上がります。将来の伸びしろにもつながる大切なトレーニングです。ボールを見なくても練習出来るようになりましょう。

片手で巻き込みキャッチ

ボールを手のひらに乗せて、頭上に投げる。片手でボールの横から勢いを吸収して巻き込むようにキャッチ。ボールの重心を、手のひらで正確に捉えるとうまく行く。

ワンランクアップ

背中側でキャッチ

頭上を通して、背中側でキャッチする。ボールは見えないので、落ちてくるスピードや位置を予測する必要がある。

04

パウンドリブル①
その場でドリブル

 広めのスタンス

やや広めのスタンスで準備。足の指で地面を
つかむように、力強く立つ。

② ボールの中心を真下に押す

ドリブルを突くとき、ボールの中心を真下に
押す。つま先の前にボールを落とす意識で。

こんなイメージ

姿勢とビジョンを大事にする

パワーポジションで身体の軸を意識し、
顔を上げてビジョン（視界）を確保。姿
勢だけでなく、「見る」ことが大事。

これはNG

腰が高く、猫背

姿勢が悪いと、ビジョンが
なくなり、相手に押された
ときにもよろけてしまう。

コーチ
からの
アドバイス

ドリブルは指先の感覚が大事です。強く突けば相手にスティールされにくくなります。しっかりと手を広げて、腕全体で強く突きましょう。また、ボールの底以外の色々な面・角度から、ボールを扱えるようにしましょう。

③ 離れている時間は短く

出来るだけ床に近いところまでボールを押し、手から離れている時間は短くする。

④ 勢いを吸収する

弾んだボールの中心を正確に捉え、勢いを吸収する。パワーポジションの胸の高さより高くならない。

ワンランクアップ

ドリブルの3つのポイントを覚える

「ボールの面を捉える」「フォーム（身体の軸）を崩さない」「ビジョン（視線）を前に向ける」の3つが全てのドリブルで重要なポイント。これから紹介する動きも、この3つを意識することで上達につながる。

05

パウンドドリブル②
方向転換（ジグザグドリブル）

パターン1

パターン2

クロスオーバー

ドリブルする手と同方向へ抜くと見せかけ、急激に逆へ切り返す。最初の動きがリアルなら、ディフェンスを翻弄出来る強力なスキルだ。

レッグスルー

股の下にボールを通し、逆の手でドリブルする。前から来たディフェンスのタイミングを崩せる。

こんなイメージ

ビジョンを確保する

ドリブルが不安だと下を向いてボールを見たくなるが、必ず顔は上げてビジョンを確保すること。

コーチ
からの
アドバイス

その場でのパウンドドリブルが上達したら、次は自由に方向を
変えるテクニックを身につけましょう。これを覚えれば、ディ
フェンス（相手）を崩してスコアに繋げることが出来るように
なります。

パターン3

① ② ③

バックチェンジ

身体の後ろにボールを通す。急激な方向転換な
どに使えるがボールを失う危険がある。

パターン5

① ② ③

ロール

身体ごと回転して、方向を変える。横からの
ディフェンスに有効。

パターン4

① ② ③

ビハインドザバック

お尻の下でボールを弾ませて
方向を変える。

ワンランクアップ

難易度を上げていく

決まった動きをする→ダミーのディフェンスを入れる→ディフェン
スと1対1で勝負する、というように練習のレベルを上げて、その
場の状況に応じたプレイが出来る、本当のスキルを身につけよう。

06

プル・プッシュ

① つま先の前でドリブル

両足をやや広く開いて、つま先の前でドリブルを突く。

② 強くドリブルをする

ドリブルを強く突いて、手のひらに長く吸いつけるようにする。

 動きのコツ

激しくドリブルを突く

パワーポジションを意識して、身体の軸を崩さないようにして、激しくドリブルを打つ練習をしよう。

ドリブルに求められるスキルは攻める、逃げる、止まるの3つです。プッシュ（攻める）とプル（逃げる）の動きを身につけましょう。ディフェンスを避けながら、すぐにドリブルしてリングに向かう（ドライブ）ことが出来るようになります。

③ 面で捉えて後ろに引く

ボールが手のひらについている間に、ボールを面で捉えて後ろに引く。

④ パワーポジションでドリブル

身体は正面を向いてパワーポジションのまま、カカトの後ろ辺りでドリブルをする。

ワンランクアップ

動きながらボールの面を捉える

ドリブルは「攻める」「逃げる」「止まる」の3つの動きが大事。慣れていったらパウンドドリブルだけでなく、動きながら面を捉える練習を多くしよう。

07

前後のドリブル

① 前で止める

ボールが前へ弾んだとき、手のひらをボールの前まで出して、しっかりと止める。

② ボールを引いてくる

手首でボールを引っ掛けるようにして引く。身体の中心に近い位置で弾ませる。

 こんなイメージ

指先は下に向ける

後ろへ大きく振って指先を下に向けると、面を広く捉えられるので、ボールを大きく動かすことが出来る。

コーチからのアドバイス

これもボールを面で捉える練習です。ボールが前に行ったときは手のひらをボールの前に、後ろに行ったときはボールの後ろに。ボールを面で捉えられるように、常に先回りをしましょう。反対の腕はボールの前に置き、守る姿勢をとりましょう。

手をすばやく後ろへ

手をすばやく後ろへ動かしてボールを捉える。手から離れている時間は短く。

勢いを吸収して止める

ボールの勢いを吸収して止める。手のひらをしっかりとボールの後ろへ入れること。

✕ これはNG

指先が横を向く

指先が横を向いていると、ボールの上の部分（狭い面）しか捉えてないので、ボールを大きく動かせない。

ねらい ▶ ボールの面を大きく捉えて、左右に大きく動かす

フロントチェンジ

1 反対の手で迎えに行く

反対の手をボールの近くに置いて迎えに行く。ブロックの役割も果たす。

2 低い位置で離す

出来るだけ低い位置でボールを離す。反対の手はすでに待ち構えている。

⚙ **こんなイメージ**

身体の軸はぶれない

ボールは横へ動かすが、身体の軸は常に身体の中心に置いたまま。軸が左右にぶれると、とっさに次の動作に移れない。

コーチからのアドバイス

ボールをコントロールするベーシックな練習ですが、非常に奥が深く重要です。ここでもボールを横の面で捉えて、ボールをコントロールしましょう。ボールはディフェンスに近い位置を通るので、手から離れている時間をなるべく短く。

③ 離れている時間は短く

ボールが手を離れてから、反対の手で取るまでの時間は出来るだけ短くする。

④ 横へ大きく振る

ボールの勢いを吸収しながら、腕を大きく横へ振る。コントロールミスに注意する。

09

ビハインドザバック

正面

横

1 腰を落とす

パワーポジションよりも腰を落として、お尻の下に
空間をつくる。

コーチ
からの
アドバイス

視線は前を向いたまま、パワーポジションより低く腰を落として、お尻の下でドリブルをします。猫背になると身体の軸がぶれてしまい、手元がくるいやすくなります。骨盤を立てて、フォームを崩さないようにしましょう。

骨盤を立てて、猫背にならないようにする

2 手の平を太ももに当てる

ボールを離すとき、手の平を太もものつけねに当てると、ボールの強さや軌道が安定する。

3 逆の手で捕る

逆の手は反対側で待ち構えておいて捕る。これを連続して行う。

ワンランクアップ

骨盤を立てる

骨盤を立てて腰を落とそう。足の指に力が入り、姿勢が安定して猫背にならない。足の指で地面を掴む感覚で立つと、自然とお尻の下にドリブルする空間が出来て、ドリブル中もフォームが崩れなくなる。

10

ピボット

① パワーポジションでドリブル

ディフェンスが正面にいる状況を意識しながらドリブルする。

② ボールを引く

反対の腕でボールを守りながら、ドリブルする手のひらをボールの前に入れて引く。

 こんなイメージ

ビジョンと軸足を動かさない

軸足を動かさず、視線も相手に向けたままターンをする。その後もパワーポジションでドリブルを続けよう。

コーチ
からの
アドバイス

ドリブル中にボールを奪われないための重要な動きです。視線は常に正面を向いたまま、ボールと身体を一緒に動かしてディフェンスから最も遠い位置に持って行きます。攻めるドリブルと逃げるドリブルをしっかりと練習することが大事です。

③ 90度ターン

軸足は動かさず、しっかりとカカトを上げて、母子球（親指のつけね）を軸に回転する。

④ ボールを守る

相手は軸足の側にいるので、オフハンドと身体の幅を使いしっかりとボールを守る。

⬆ ワンランクアップ

動きをつなげてみる

出来るようになったら「プル・プッシュ（P36）」からつなげてみよう。

‼ 動きのコツ

プロテクトスタンスでボールを守る

オフハンド（ボールを持たない方の手）と身体の幅でボールをディフェンスから守るプロテクトスタンスを作ろう。スティールされないためにも大事なスキルだ。

11 パスの基本
姿勢と動き

① 受け手が動く

ディフェンスが間にいるとパスが出せないので、受け手が動いてレーンを作る。

② パスの軌道に注意する

レーンは空いているが、パスの高さによってはディフェンスの手が届く。

 こんなイメージ

ノーモーションでパス

先の動きに余計なモーションが入ると、読まれてしまう。腕をあまり動かさず、手首のスナップを利かせる。

コーチ からの アドバイス

パスでボールが通る軌道をレーンと言います。レーン上にディフェンスがいればカットされてしまうので、これをずらしてからパスを出さなければなりません。1.受け手が動く、2.出し手が動く、3.パスの方法を工夫する、などが考えられます。

 パスの高さ

手の届かないくらいの高さか、下を通すバウンズパスなら安全だ。

④ 上を選択する

ディフェンスの手が届かない頭上のパスを選択する。

こんなイメージ

レーンを意識

ディフェンスの腕が上にあれば下側に、腕が下なら上側にパスを出す。フェイントも加えて上下左右にレーンを開けられると、有効なパスが出来る。

12

パスのレーンを意識する

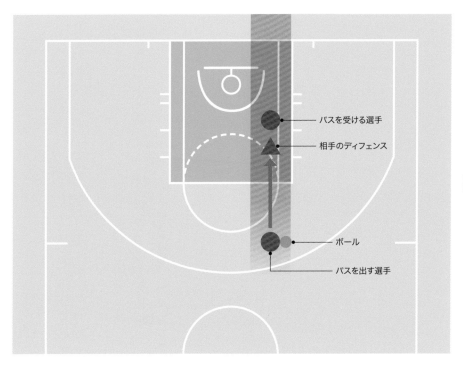

パスを受ける選手

相手のディフェンス

ボール

パスを出す選手

ディフェンスが間にいる

パスを出す選手と受ける選手の間にディフェンスがいると、インターセプト（パスを止められること）される可能性が高い。安全にパスを成功させるには、レーンを作る必要がある。

コーチ
からの
アドバイス

パスにはレーンがあるということを意識してください。パスミスの多くは、レーンがないところに出して起こります。レーンを作るには、受け手が動く、ディフェンスを動かす、自分が動く、といった方法が考えられます。

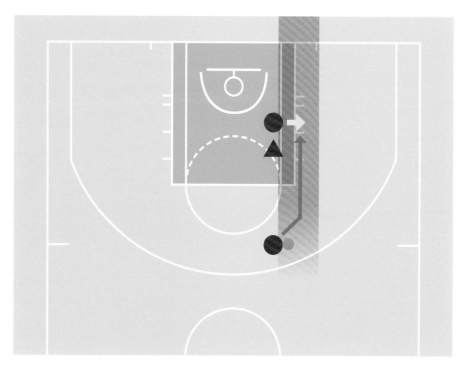

動いてレーンを作る

1つには、パスを受ける選手が動いてパスのレーン作ることが考えられる。チームの約束、お互いの連携によって、どこに動くか、どうやって動くかが変わってくる。

13

チェストパス

重心を前に乗せる

① 1歩前にステップ

ボールを両手で持ったら、パスを出したい方向へ1歩踏み出す。

② 胸の前で構える

重心を前の足に乗せながら、両手で持ったボールを胸の前で構える。

 こんなイメージ

指先は内から外へ

スナップを利かせるときに、両手の指先が内側から入って、外へ向かって弾くようにする。

コーチ
からの
アドバイス

チェストパスは、バスケットボールのもっとも基本的なパスです。両手で持ったボールを、胸の前からまっすぐ押し出すようにスナップを利かせて投げます。モーションが大きく読まれやすいため、使う状況やタイミングには注意が必要です。

③ ボールを押し出す

重心をさらに前に移動させて、その勢いも利用してボールを押し出す。

④ スナップを利かせる

両手のスナップを利かせてボールを離す。最後に指先がパスの方向を向く。

こんなイメージ

体の正面から出す

チェストパスは身体の正面（P27）から出すパス。レーンをずらしにくい点があるが、コントロールの正確なパスが出来る。

ワンランクアップ

3つの向きを意識する

「指先」「視線」「つま先」の3つが向いている方向にボールは飛んで行く。これを忘れないようにしよう。

14

バウンズパス

地面に向けて投げる

① 胸の前で構える

チェストパスと同じように、ボールを両手で持って胸の前で構える。

② 重心を前に乗せる

1歩ステップして、重心を乗せる。それに合わせてパス動作を始める。

 こんなイメージ

強めに出す

弾む分ボールの勢いは落ち、直線より長い距離が必要になるので強めに出すくらいが良い。自分と受け手の間の3分の2くらいに落とす意識で打つ。

バウンズパスは、ディフェンスをかわしたり、タイミングをずらすのに有効なパスです。床を弾ませるバウンズパスは手軽で、有効なパス方法です。基本はチェストパスで出しますが、他のパス方法と組み合わせることも可能です。

③ 指先は内側から外へ

ボールを押し出すのは、親指と人差し指と中指。指先は内側から入り、最後に外を向く。

④ 指先は床を向く

手首のスナップを利かせてボールをリリースする。リリース後の指先は床を向く。

ワンランクアップ

片手でのバウンズパス

両手でのバウンズパスが上達したら、片手でのバウンズパスも身につけよう。両手よりも広いエリアにパスが出来るので、ボールをムーブ（動かす）させた後に、レーンをずらしてパスが出来るようになる。

15

プッシュパス

① 前へステップする

ボールを体の横に移動させながら、前に1歩ステップする。

② 腰を沈めてパワーをためる

ボールを腰の横へ引くのに合わせて、腰を沈めてパワーをためる。

こんなイメージ

指先、つま先、視線の向きを意識

パスは指先とつま先、視線が最後に向いた方向へ飛ぶ。投げた後の向きまで意識を持とう。

プッシュパスはレーンをずらすのに有効です。ボールを身体の横に構えて出すので、パスのレーンが身体半分ほどずれます。試合で多用するパスなので、指先とつま先、視線の向きを意識して左右で使いこなせるようにしましょう。

③ 重心を前に乗せる

ワンハンドなのでパススピードを上げるために、ためたパワーを前に乗せることが大切。

④ 手首のスナップを使う

ボールを押し出す力と、手首のスナップを利用してリリースする。

サイドスナップパス

1 ディフェンスを引きつける

ドリブルで前進して行く。ここでディフェンスを引きつける。

2 ボールを持ってからすばやく

ドリブルを止めてから次の動きを考えるのではなく、ボールを持ってからはすばやく動く。

こんなイメージ

指先は投げる方へ向ける

投げるというよりも、スナップで弾き出す。パスを出した後は、指先がその方向へ向く。

コーチ
からの
アドバイス

出したい方向と同じ側の手で出すパスです。片手のスナップを利かせて出すので、長い距離には適しませんが、動きが小さいためディフェンスが反応する前に通すことが出来ます。キックアウト（引きつけてからのパス）などに多用します。

③ 左手のスナップを利かせる

左に出すなら左手のスナップを利かせて、右手はサポートするだけ。

④ 進行方向の真横に出す

パスを出す間も前進は止めずに、身体の向きの真横に出すのがポイント。

17

ディッシュパス

① ディフェンスを引きつける

ドリブルでリングへ向かい、ディフェンスを
十分に引きつける。

② 目線で上へ誘う

目線を上げる。ディフェンスにシュートすると
思わせ、上をブロックさせる。

 こんなイメージ

レーンを作る

空いてるレーンにボールを動かして、
身体の正面からボールを出さないよ
うにして、パスのレーンを作ろう。

コーチ からの アドバイス

ディッシュパスは、ディフェンスを自分に引きつけて、フリーになった味方に出すパスです。ディフェンスは手を上げてブロックしようとするため、下手投げが効果的です。短い距離に向いていて、ドライブから仲間にパスを出すときに多用します。

③ 身体は前へ、ボールは横へ

身体はディフェンスに近づいて行きながら、ボールは下から横へ出す準備をする。

④ スナップを利かせる

腕を振りつつ、最後には手首のスナップを利かせてパスを出す。

✕ これはNG

相手の目の前にボールを出さない

ボールをディフェンスの手が届くところで止めたり、指先の力が入っていないとスティールされてしまう。

18

ねらい ▶ ディフェンスの頭上を越えるパスを覚える

オーバーヘッドパス

しっかりヒジを曲げる

1 ボールを頭上に持つ

両手でボールを持ち、頭上へ持ち上げる。

2 1歩踏み出す

突っ立ったまま投げるのではなく、1歩踏み出してその力も利用する。

 こんなイメージ

リリースポイントは高く

ボールをリリースするポイントは高く。手首のスナップを利かせて鋭く出すようにしよう。

ワンランクアップ

ボールのやや後ろを持つ

ボールの真横を持つとリリースのとき抜けてしまう。やや後ろを持てば力が伝わる。

コーチからのアドバイス

頭上で構えて、サッカーのスローインのように投げるパスです。チェストパスよりも強く投げられるので、離れている味方にボールを届けたいときや、ディフェンスの頭上を越えるパスを出したいときに有効です。

3 ヒジ支点で腕を振る

前足に重心を乗せて行き、ヒジを支点にして腕を前に振って行く。

4 手首でコントロール

最後に手首のスナップを利かせると、正確にコントロール出来る。

✕ これはNG

振りかぶりすぎない

ボールを頭の後ろまで振りかぶりすぎない。大きく時間の掛かるモーションだと背後のディフェンスに取られたり、力が上に行ってしまうリスクが生じる。

19

アンダーハンドパス

 パスを選択する

両手でボールを持つ。チェストパスなど様々なパスが出せる状況だ。

② 腰の横で構える

ディフェンスが上からブロックしようとするのを見て、腰の横で構える。

こんなイメージ

指先をパスの受け手に向ける

腕を振り、最後は手首のスナップを利かせる。投げた後は指先が受け手を向く。

ボールを下側で持っているときに、すばやくパスが出来ます。ディフェンスの下側のレーンが空いてるときや、ピボットなどで身体の向きを変えたときに使えます。ここでも指先とつま先、視線を忘れずにパスをしましょう。

③ 横からフックぎみに振る

目の前にいるディフェンスの横を通すように、ややフックぎみに腕を振る。

④ 重心も乗せる

前足に体重を乗せて、低い重心から上に持ち上げるイメージで投げる。

20

ジャンプシュート

1 シューティングハンドに乗せる

ボールの重心を感じながら、シューティングハンド（ボールを持つ手）にボールを乗せる。

2 シューティングスタンド

腕を返して頭上に構える。このとき手首とヒジが90度になるように。

こんなイメージ

ナビゲートハンドは真横

リングまでボールをナビゲートするので、最後にボールを離すまで、真横に添えよう。

ワンランクアップ

ボールとコーンでボーリング

コーンに向かってボールを転がす。シューティングハンドの指がボールの中心を捉えていればまっすぐ進む。

コーチ
からの
アドバイス

正しいフォームを身につけることが、成功率を上げる近道です。シュートはボールの底を捉えて投げます。手首とヒジの角度に注意してシューティングスタンドを作り、繰り返し投げる練習をしましょう。

ボールの底を捉える

③ ナビゲートハンドを添える

ナビゲートハンド（支える手）はシューティングラインからずれないように横に添える。

④ まっすぐに振り出す

シューティングハンドをまっすぐにして、手首をスナップする。

⬆ **ワンランクアップ**

コーンにシュート

コーンにノーバウンドで当てる。これも指がボールの中心を捉えているかをチェックする練習だ。

⚙ **こんなイメージ**

手でふたをする

リングを手でふたをする感覚で、手首をスナップさせよう。

21

フローターシュート

 ドリブルで侵入

ドリブルでシューティングエリアに侵入する。様々なシュートが可能。

② 1歩目で上へ跳ぶ

1歩目を強く踏み込んで、前へのスピードを上に変える。

こんなイメージ

真上に跳ぶ

前への勢いが残っていると、シュートが流れてしまう。確実に上に跳ぶことが大事。

自分よりも大きなディフェンスが前にいると、ジャンプシュートやレイアップシュートではブロックされてしまうことがあります。そんなときにディフェンスの上をふわりと浮かせるフローターシュートが威力を発揮します。

③ **空中で姿勢を安定させる**

シューティングハンドにボールを乗せて、空中で姿勢を安定させる。

④ **ふわりと浮かせる**

出来るだけ大きな弧を描くように、ボールをふわりと浮かせる。

 動きのコツ

バックボードにハイタッチする感覚を意識

シューティングハンドをバックボード（ゴールに取りつけられている板）にハイタッチするような感覚でシュートすることが大事。

22

ねらい ▶ 身体の向きに対して横へ向けて打つ

フックシュート

① 侵入を止められる

ディフェンスにリングへの侵入を止められてしまう。

② リングの位置を確認

ボールをシューティングハンド側に持ち、リングの位置を確認する。

こんなイメージ

ヒジを伸ばしたまま

ヒジを曲げるとコントロールが難しい。ヒジは伸ばして手首のスナップで飛ばす。

コーチ
からの
アドバイス

身体の幅を使ってボールをしっかりディフェンスから守り、相手のブロックを回避するシュートです。コントロールや飛距離の調整が難しいうえ、ディフェンスにボディコンタクトされやすいため、難易度は高めですが、非常に重要なスキルです。

③ コンタクトに負けない

ディフェンスはシュートを止めようとするが、当たりに負けないようにする。

④ 手首を使ってフック

腕は伸ばして、遠くからボールを回す。コントロールは手首のスナップで調整。

動きのコツ

身体の幅を使い、ボールを守る

片足、両足などフックシュートのやり方にも色々あるが、原則は身体の幅を使い、ボールを守りながらシュートを打つこと。これを身につければコンタクト（選手同士の身体の接触）があったときや、自分より大きいディフェンスが相手でも、シュートを決められるようになる。

23

レイアップシュート①

① スピードを調整する

ボールを持って進めるのは2歩だけ。この間にスピードをコントロールする。

② 出来るだけ上に跳ぶ

2歩目に勢いをつけて、しっかりとヒザを上げ、出来るだけ上に跳ぶ。

こんなイメージ

片足で踏み切り、両足で着地

片足で踏み切り、逆足のヒザを曲げて振り上げる。両足で着地出来れば安定している証拠だ。

シュート前のステップは、スピードをコントロールして上に跳ぶのがコツです。前進するスピードをコントロール出来れば、飛んだ後の空中姿勢が安定します。左右どちらの手でも速く、高く飛んで打てるようにしましょう。

3 手のひらを上に向ける

上に向けた手のひらにボールを乗せて、腕を伸ばして持ち上げる。

4 手首のスナップを使う

最後に手首のスナップを使って、強さや角度を微調整する。

24

レイアップシュート②

① ステップで調整する

2歩のステップの間にスピード調整をする。
ここまではアンダーハンドと同じ。

② 強い踏み切りで上に跳ぶ

2歩目で強く踏み切る。前ではなく、上に跳
ぶ意識を持とう。

コーチ
からの
アドバイス

手首を返してスナップを使ったシュートが、オーバーハンドレイアップです。リングに置くようにシュートするアンダーハンドよりもややコントロールが難しくなるので、バックボードを使うのも有効です。

③ 手首を返して持ち上げる

手首を返し、指先がリングに向くよう手のひらにボールを乗せて、持ち上げて行く。

④ 手首のスナップを利かせる

どんなシュートでも強さや角度の調整は手首のスナップを使う。

こんなイメージ

手首のスナップ

手のひらにボールを乗せ、手首をしっかり曲げる。あいまいだとスナップを利かせられない。

「やれば出来る」
（自己効力感）

　やれば出来るという気持ち、考え方のことを「自己効力感」と言います が、この「自己効力感」を大切にして下さい。

　そういった自分の中から出てくる（自立的な）モチベーションでなけ れば、自分で自分を動かすことは出来ません。そして、そのためには勝 利を目指すこと、ライバルと競争することが重要です。

　ただ、自分以外のプレイヤーを目標などにするのは良いですが、他人 と比べ自信を失くさないで下さい。大切なのは、自分がさらに良い自分 になるために、自分を磨いて行くことにあります。

　みなさんが持っている携帯電話やスマートフォン、そしてそのアプリ も定期的にアップデートして行きますよね。ですので、みなさんも自分 を変えて行こうとすることが大切なのです。また「0のレベルから1の レベル」になっても1ランクアップ。「9のレベルから10のレベル」に なっても同じワンランクアップです。他人と比べるのではなく、自分の レベルアップのために目標を立て、正しく努力をするようにして下さい。 必ず成長出来ます。そして「やれば出来ます」。

オフェンス
練習メニュー

日々の練習に取り入れられるメニューを紹介。
個人スキルとチームのオフェンスを高めて行こう。

01

ポケットドリブル ＋ コーンタッチ

ボールを引いて腰の横へ

ボールの勢いを吸収して、手のひらを上面から横へ移動。手のひらとボールに吸いつかせるようにするのがコツ。ダブルドリブルに注意。

 動きのコツ

Watch（視ること）を意識

ポケットドリブルで重要なのは、ディフェンスやレーン、スペースなどをWatch（視る）すること。足の先にボールを強く突きながら、視線は前を向き続けよう。

コーチ
からの
アドバイス

腰の横をポケットと呼びます。ボールをポケットに収めることで、「間」を作ることが出来ます。これが出来たら、ボールがポケットにある間に、コーンなどを触り、低い姿勢づくりをしましょう。

ドロップ（低い姿勢をつくり、反対の手でコーンを触る）

ポケットでボールをキープしたらドロップ。ヒザを曲げて腰を落とす。
上体が前傾して倒れたり、コーンに視線を向け過ぎたりしない。

ワンランクアップ

見る時間を短くする

慣れてきたら、タッチするときにコーンを見る時間を短くしていこう。見なくてもタッチ出来るようになるのが理想。

スプリットスタンス

1 間合いをつかむ

1歩で抜ける距離を自分でつかむ。

2 前後、左右に幅広くステップ

ボールの勢いを吸収しながら、ボール側の足を大きく横に踏み出す。

 こんなイメージ

空いているレーンにずれる

ディフェンスに面と向かったままではドライブのコースがない。横へ動かしてずれを作り出して次のプレーにつなげる。

 動きのコツ

後ろ足で強く床を蹴る

前足はディフェンスの肩幅よりも広く、外側にステップを踏もう。後ろ足で強く床を蹴ると上手くいく。

コーチ
からの
アドバイス

ボールをポケットするのと同時に足を前後、そして左右に幅広く、ステップを踏みます。横幅を作ると、ディフェンスは守りにくくなる。ディフェンスがついてこなければそのままドライブ。ついてくれば、クロスオーバーで切り返しへとつながる。

オフハンドでしっかり
ボールを守る

③ ポケットでキープ

姿勢を低く沈めて、ポケットでドライブのレーンとディフェンスをWatchする。

④ 上体がぶれない

ディフェンスの脚の幅より広くずれて間合いをつめて、レーンをWatch。空いてれば床を強く蹴りアタック。

ワンランクアップ

コーンを使用して自主練習

1人でもコーンタッチで練習出来る。低い姿勢やフェイスアップなどをチェックしながらやろう。

03

2人組でのドライブ練習

スプリットスタンス

1歩で抜ける間合いで、スプリットスタンスでボールをポケットに置く。1歩目の足とは反対の足を出すクロスステップでドライブ。

コーチ
からの
アドバイス

ボールをもらうとき、1歩で抜ける間合いでもらう（ミートする）ことが大事です。離れ過ぎていると、スピードがあってもディフェンスに対応する時間を与えてしまいます。どこで、どうもらうかが戦術の第1歩になります。

ストップ＆バックターン

ストライドストップやジャンプストップでしっかり止まる。フリーフットを後ろに引くバックターンをして繰り返す。

 動きのコツ

ボールをガードしつつ抜く

オフハンドは、ディフェンスとボールの間に入れて、しっかりとガードする。

04 プッシュクロス

1 ディフェンスを引きつける

スプリットスタンスで抜きたい方向と逆の方向へディフェンスを引きつける。

2 胸の前を移動させる

ボールを手に張りつけたまま抜きたい方向へ移動。胸の前を通して自分の左へ切り返す。

ワンランクアップ

コーンタッチでボールと身体の連動力を鍛える

ポケットドリブル+コーンタッチから、プッシュクロス。コーン上のボール移動と、身体の左右への重心移動を連動して、表と裏どちらにも切り返せるスキルを鍛えよう。

コーチ からの アドバイス

スプリットスタンスでボールをポケットに構えたとき、ディフェンスがアタックを警戒して動いた瞬間に逆へ切り返します。プレーには表と裏があり、行きたいレーンを止められたら別のレーンへと、対になるスキルを身につけて行きましょう。

 手首を返す

手首のスナップを利かせて、狙いの場所にボールをドリブルさせる。

④ 反対の手でドライブ

ディフェンスを切り返したら反対の手でドリブル。次のプレーへつなげて行く。

!! **動きのコツ**

クロスオーバーも有効

ディフェンスをさばくときには、P34で紹介したクロスオーバーも、プッシュクロスと同様に有効なスキル。どちらも覚えて、相手の能力や状況に合わせて使い分けられるようになろう。

05

ストライドストップ＆ジャンプストップ

1
2
3
4

ストライドストップ

低い姿勢のドライブから、利き足の逆を1歩目、利き足を2歩目として止まる。ストライドストップからのシュートが基本になる。

↑ **ワンランクアップ**

「1、2」のストップで周りを確認

1歩目の踏み込み時にディフェンスの位置や人数を確認しよう。シュート前の動きに幅が広がる。

コーチ
からの
アドバイス

ドライブでシュートエリアに侵入し、シュートを狙います。良いシュートを打つためには、良いストップが必要です。ストライドストップとジャンプストップの2つを覚えましょう。

1　2　3　4

ジャンプストップ

ドライブからリングに向かって大きくジャンプして、両足を同時に着地する。ヒザで勢いを吸収して、姿勢が崩れないようにする。

 こんなイメージ

「よいしょ」のストップ

1回の踏み込みで止まるので、次に取る行動の幅は広くない。ただし力強く止まれるため、安定感のあるシュートが狙える。シュートのチャンスが見えるときのパワープレイとして有効。

06 ポケット&スプリットスタンス からシュート練習

1 コーンを持って準備

手にコーンを持ってドリブル。数回ドリブル をついてスタート。

⚙ こんなイメージ

ドライブ姿勢からシュート

コーンを置くことで低い姿勢を作り、体 勢を立て直してシュートする。低い姿勢 からのリカバリーを意識。

2 スプリットスタンス

ボールをポケットへ納め、スプリットスタン スを作る。同時にコーンを置く。

⚙ こんなイメージ

姿勢と足の位置を意識

ディフェンスの足の幅より横に身体が広 がるイメージ。姿勢と足の位置を意識し よう。

コーチ
からの
アドバイス

体勢が崩れてしまうとシュートの成功率は上がりません。低い
姿勢から正確なシュート体勢に持って行く脚力や体幹が大事で
す。あえて低いスプリットスタンスを作ってからのシュート練
習に取り組みましょう。

③ ストライドストップ

後ろの足を大きく踏み出して、ストライドス
トップからシュート体勢に入る。

④ ジャンプシュート

ジャンプシュートを打つ。打つ前に体勢が崩
れないように身体の軸を意識する。

07

横向きからフットスイッチ

1 横向きでボールを守る

ディフェンスが強いプレッシャーを掛けてきたら、横向きでボールを守る。

2 フットスイッチ

前後に開いた足を左右に置き換える。

こんなイメージ

フットスイッチの間合い

フットスイッチしたときディフェンスとの距離は近く、アタックするのに有効な間合いだ。

動きのコツ

腰をひねる

同じ間合いのまま腰をひねって前後に開いた足を左右に入れ替えると、ディフェンスの対応が遅れて置き去りに出来る。

コーチ
からの
アドバイス

ディフェンスはボールマンに強いプレッシャーを掛けてくるため、ゲーム中は正面を向いてプレー出来ないことが多くあります。そんなとき身体の横幅を利用してボールを守り、スペースやディフェンスの動きをよく見て仕掛けましょう。

オフハンドで
ブロックする

レーンをずらして
空いているレーン
をアタック

瞬時にスピードアップ

フットスイッチしたら、間を空けずに一気にスピードアップする。

4 ディフェンスを置き去りにする

ディフェンスは間合いが近いと反応しづらい。一気に置き去りにすることが出来る。

こんなイメージ

スキルはつながっている

ディフェンスとワンアームの距離であれば、正対してオンサイドアタック。それが止められたらプッシュクロス。ワンアームの距離がなければ、横向きからフットスイッチ。さらにリトリートというように、スキルはつながっていることを理解しよう。

08

ラテラルステップ

向かい合って練習（ステップ・ザ・ボール）

2人組になってボールを1つずつ持ち、主と従を決めて、向かい合った
状態でスタートする。従は主の人の動作をマネして横に動く。

 こんなイメージ

重心を自在に移動させる動きを覚える

身体の軸を意識しつつ、後ろの足を進む方向にぶつ
けるようなステップをしよう。このとき、ドリブル
したボールと身体を連動して動くようにしよう。

コーチ
からの
アドバイス

ポケットドリブルと一緒に横へステップするとディフェンスを
大きく動かせます。ディフェンスが正面にいるときは、横に大
きくラテラルステップを入れることで、仕掛けるきっかけを作
れます。

ラテラルステップで下がる

鋭く前進してからスピードストップでストップ。ラテラルステップで下
がる。

こんなイメージ

複数の動きを織り交ぜる

ラテラルステップ→ポケット＆スプリッ
トスタンス→ストップの動きを1人で繰
り返そう。

09

リトリートドリブル（プロテクトスタンス）

① ドライブで仕掛け

ドライブで仕掛ける。ディフェンスの横まで抜ければシュートを狙える。

② ディフェンスに止められる

ディフェンスの対応がよく、ドライブコースを止められる。

 動きのコツ

プロテクトスタンスでブロックする

動きが止まるとディフェンスはスティールを狙ってくる。オフハンドと身体の幅を使いブロックしよう。

コーチ
からの
アドバイス

ドライブでディフェンスに止められたときに、ドリブルを続けたまま下がる動きを、リトリートと言います。ボールを止めてしまうとミスに繋がりやすくなるので、リトリートで仕切り直せば再度仕掛けることが可能です。

③ ドリブルを止めない

ディフェンスから遠い位置で横向きのドリブルをして、ボールを守る。

④ 下がってスペースを作る

安全な形のまま下がってスペースを作る。仕切り直したり、再度仕掛けたり出来る。

 これはNG

ボールを正面に出さない

動きが止まったときにボールを不意に前に出してしまうと、スティールされやすくなるので注意。

10

パンチストップ

身体を支える

ドリブルにアクセント

最初のドライブで抜ければそのままシュートを狙う。ディフェンスにそのまま行くと見せかけて、急激にストップする。

ワンランクアップ

姿勢を覚える

コーンを拾ってからパンチストップで置く。今度は逆の手でコーンを拾って…を繰り返す。

コーチ
からの
アドバイス

ドライブに行くと見せかけて、急激に止まるのがパンチストップです。ディフェンスが下がった瞬間にパンチストップをすると、スペースを作れます。ジャンプシュートを狙えますし、ディフェンスが出てきたら再度ドライブも狙えます。

ここでストップ

スペースを作ってシュート

ディフェンスが必死について行こうとした瞬間パンチストップすると、一瞬の反応の遅れでスペースが空く。その瞬間シュートを狙う。

動きのコツ

same side stepを意識

ドリブルの手と同じ足でストップすることからsame side stepとも呼ぶ。ディフェンスが横にいるときなどにオフハンドで相手をさばきつつ、後ろ足のヒザを落とすことで間合いを作れる。

11

スピードストップ

上体は倒さない

ドリブルのスピードを上げてから、2歩でストップしてビハインドザバックを入れる。このときにお尻は落とすが、上体は倒さない。

こんなイメージ

コーンを使う

反対の手でコーンを持って行こうと、低い姿勢を意識づける練習が出来る。

コーチ
からの
アドバイス

前方にいるディフェンスと距離を取るためにナナメに止まるのが、スピードストップです。このときにビハインドザバック（P42～43）をすれば重心が安定し、止まりやすくなります。

ここでストップ

スペースを作ってシュート

ドライブで抜ければそのままシュート。ディフェンスが必死についてきたところでストップして、出来たスペースを利用してシュートする。

こんなイメージ

ディフェンスを誘う

最初のドライブが中途半端だとディフェンスが離れない。抜く気で仕掛けることが大事だ。

動きのコツ

ビハインドザバックを見直す

ストップするときにはビハインドザバックをする。骨盤を立てて、お尻の下にドリブルする空間を作ることを忘れないようにしよう。

12

ボールミート

① 良いポジションで受ける

フェイントなどでディフェンスを崩して距離を取り、良いポジションでパスを受ける。

② 45度でボールミート

トップから45度へパスが入る。空中でキャッチしたら、リングへ向かってミートする。

こんなイメージ

リングに正対出来る

リングに向かってボールミートしてキャッチ。そのままシュートが狙える。

コーチ
からの
アドバイス

相手の間合いに入る、横のレーンをずらす、後ろのより良いスペースに行くなど、ボールをもらう直前の動きをボールミートと言います。オフェンスの起点となる動きで、ディフェンスを崩すためにも基本となる、超重要な技術です。

③ 間合いがつまる

リングへ向かう分だけディフェンスとの間合いがつまる。

④ 様々な仕掛けが出来る

ディフェンスが遅れれば、そのままドライブ。下がればシュートが狙える。

 これはNG

ディフェンスの間合いに入らない

間合いを詰めるときに、ディフェンスの間合いに入るとスティールされる危険がある。ディフェンスとの距離感に注意して動く。

13

2人組で
ドリブル&アウェイ

向かい合ってドリブルしながら前後移動

主と従を決めて向かい合う。主が前進したら、従は同じ距離だけ下がる。
下がれば同じ距離だけ前進する。

こんなイメージ

顔を上げて相手を見る

顔を下げると相手の動きが見えない。必
ず顔を上げて行おう。

こんなイメージ

仲間との距離を覚える

上手に攻めるために、3つのエリア（P13）
での仲間との距離を覚えよう。

コーチ
からの
アドバイス

オフェンスのときは、お互いの距離を4〜5mとりましょう。これ以上近いとお互いを邪魔し合いますし、ディフェンスにヘルプされやすくなります。逆に遠いとパスに時間が掛かり、インターセプトを狙われます。

お互いが背中合わせになる形で、同じように前後移動

顔だけで後ろを見なければならないので、難易度は高くなる。

動きのコツ

2歩で確実に止まる

前後の動きの切り替え時には、どちらの足を支点にしても2歩で確実に止まるのが理想。

ワンランクアップ

ボールを2個使って

ボール2個でやると、コーディネーショントレーニングの効果がさらに高まる。

14

2人のパッシング

コーナーへ向かう

ドライブに並走して、コーナーでシュート

ドライブが始まったら、もう一人は並走してコーナーへ向かう。ドライブする側は途中で止められると想定し、コーナーにいる味方にパス。受けた側はその場からシュートする。

こんなイメージ

味方のドライブを邪魔しない

自分が味方のドライブしたいコース上にいたら道を空ける、邪魔にならないように動く、ドライブが始まったらサポート出来るポジションに移動する。この3つがパス&ランでは鉄則だ。

コーチ
からの
アドバイス

ドライブしたとき、他の選手の動きには決まりがあります。リングに向かって飛び込む（ダイブ）。ドライブした人から離れる（アウェイ、ドリフト）。ドライブと同じ方向へ回る（トレール）。2人1組でこの動きの基本を覚えます。

連続で合わせる

ドラッグして45度へ（②〜③）。次のドライブにはドリフトしてコーナーへ（④〜⑥）。止められると想定してパス、コーナーからシュート（⑧）。

ワンランクアップ

3人のパス&ランへ

2人でスムーズに出来るようになったら
3人、4人と人数を増やして行く。

3人のパス&ラン

コーチ
からの
アドバイス

パスを出したらカッティング（ディフェンスの間に入ること）。
ドリブルよりパスの方が速くボールを移動出来ます。ディフェ
ンスを崩してシュートに行くためには止めない、止まらないパ
ス&ランの動きが重要になります。

ウィングへ移動

パスとランを繰り返す

1人目がトップポジションから向かって左のウィングにいる2人目にパスしたらカッティング（①）。
逆サイドにいた3人目はトップポジションへ移動して2人目からパスを受ける（②〜③）。カッティ
ングした1人目は3人目がいたウィングに移動した後、3人目からパスを受ける（④〜⑥）。3人目
はゴール下まで移動し、途中で1人目からパスを受けて、そのままレイアップシュート（⑦〜⑩）。

動きのコツ

練習のための練習にしない

複雑な動きが求められるので、動き方を覚えようとするあまり
パスだけに意識を向けてしまいがち。試合でディフェンスを引
きつけるためにも、シュートを狙う意識を常に持つ。

「何でだろう?」「出来てるかな?」
(自己モニタリング)

　メタ認知という力を知っていますでしょうか。簡単に言うと、自分の練習や自分の学びがどれくらいうまく進んでいるのかを自分でチェックする力のことです。

　チェックとは、上のほうから別のモニターやカメラで自分のことを見ているように、客観的に(他者のような視点で)モニタリングする力のことを言います。自分で計画を立て、進み具合やうまく出来ているか、その結果を評価するなど、自分をモニタリングして「自分で成長出来る」ことが重要になってきます。

　また、そういった学習のことを自己調整学習と言います。本書でも「自分モニタリングシート」を紹介していますが、練習やドリルを振り返って〇や△などで自分を評価してみて下さい。ただ、それだけで終わらず、各章やページに書いてあるポイントが出来ているかなど、もう少し細かく「振り返る」ようにして下さい。

　このサイクル(習慣)が早く深くなることで、いつでも、いつまでも成長して行くことが出来るはずです。

ディフェンス
練習メニュー

ディフェンスの目的はオフェンスを苦しめること。
ディフェンスの基本姿勢と、チームディフェンスを高めるための動きを身につけ、
相手を苦しめられるようになろう。

ねらい ▶ ディフェンスに適した姿勢を身につける

ディフェンスの基本姿勢

正面から

両足を肩幅よりもやや広めにして腰を落とすが、上体は倒さずに胸を張る。これで前後、左右どちらにもすばやく動ける。

 こんなイメージ

ヒールtoトゥで構える

前足のカカトと、後ろ足のつま先が一直線になるイメージ（ヒールtoトゥ）で構える。

ディフェンスで大事なことは、相手のやりたいことをさせない
こと。ボールを自由にさせないこと。その基本姿勢は、足は肩
幅よりやや広めで、腰を落として上体は倒さない。そして手を
伸ばせばボールに触れる距離を保つ。

オフェンスとの距離

離れすぎると、シュートを打たれる。近すぎるとドライブに反応出来な
い。ちょうど良いのが、手を伸ばせばボールに届く距離だ。

 動きのコツ

状況に合わせて距離を変える

シュートを打たせず、ドライブで抜かせない距離を保つことが大事。基本はワ
ンアームディスタンス（腕一本分の距離）だが、相手にプレッシャーを掛けた
い場合は近づくなど、プレイするエリアや状況に合わせて距離を調整しよう。

サイドステップ

① ②

⑧ ⑦

ここでストップ

⑨ ⑩

コーチ
からの
アドバイス

サイドステップは、ディフェンスの基本スキルです。基本姿勢のまま足を引いて動き、相手の正面に立ちます。足を引きすぎて姿勢が崩れたり、足が近すぎたり、猫背や重心が高くなると、相手に抜かれやすくなるので注意。

③

④ ここでストップ

⑥

⑤

斜めに下がるフットワーク

サイドステップで斜めに下がる。2～3ステップしたら前の足を引き、今度は逆方向の斜めに下がる。動きをマスターするためのフットワークだ。

動きのコツ

ドライブレーンに入る

サイドステップは、ボールを持つ相手とリングまでを結ぶ距離（インライン）を縮めないことが大前提。積極的に相手の正面に立ち、パスやドライブのレーンに入ろう。

03

クローズアウト

① 下手投げで渡す

4〜5mの距離から下手投げで軽くパスを渡す。ボールを追いかけるように走る。

② スプリント（距離をつめる）

ボールマンがリングに近づかないように、全力で距離を縮める（スプリント）。

こんなイメージ

マークマンをよく見る

クローズアウトしながら、マークマン（相手）が何をしようとしているのかよく見ながら動く。

コーチ
からの
アドバイス

ボールマンを苦しめるためのスキルです。インラインに入り相手との距離をつめます。リングに向かおうとするボールマンが自由に動けないように、積極的にボールを奪いに手を出しましょう。

3 小刻みにステップする

近づいたら少しずつ腰を落として、小刻みにステップし、下がる準備もする。

4 苦しめられる距離で構える

シュートモーションを苦しめられる距離まで近づいたら、ディフェンスの基本姿勢になる。

 これはNG

両手のクローズアウト

片手、両手とクローズアウトにも種類がある。両手のクローズアウトも有効だが、重心が高くなりやすくなる。試合では片手のクローズアウトがオススメ。

04 ハンドワーク ＋ ボディチェック

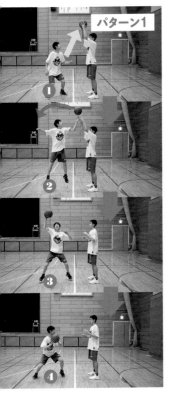

パターン1

パターン2

パターン3

手が届くなら叩く（上のボールは下から、下のボールは上から）

2人組でスティールを狙う練習。頭上のボールは下から、胸より低ければ上から、積極的に手を動かしてボールを奪う。

 動きのコツ

しっかりとボールを叩く

1と2は横からだと手を叩いてしまい、3は身体がぶつかってしまってファールになりやすい。特に3は身体をうまく滑り込ませて、手を出そう。

 こんなイメージ

自分のエリアは、自分のもの

「自分のエリアにあるものは、相手が持っていても自分のもの」という意識を持とう。

コーチからのアドバイス

ディフェンスの目的は、苦しめること。良い形でシュートを打たせないために、ハンドリングが甘ければスティールを狙い、リングに近い位置でパスをもらいたがっていたら入らせない。そんなハンドワークとボディチェックを覚えましょう。

ピストルスタンスからコースに

ボールとマークマンが見える位置に立ち、ピストルスタンス（両方を目視出来る姿勢）で構える。マークマンが動いたら、コースに入り身体で止める。

動きのコツ

手で押さないこと

コースに入ってから相手がぶつかってくればファールではない。不利な位置からぶつかったり、手で押したりするとファールになるので注意しよう。

05 ディナイディフェンス（アウトサイド）

1 ピタリとマークする

マークマンにピタリとついて、顔だけで振り返りボールを確認する。

2 リングへ向かったら下がる

マークマンがリングへ向かったら、お互いの位置関係は変えずについて行く。

✕ これはNG

急なカットで離される

相手がV字に動いて引き離されることをVカットと言う。離されやすいので注意。

コーチ
からの
アドバイス

ディナイディフェンスは、マークマンとボールの間に入って、
パスコースをふさぐ守り方です。ボールに背を向けるため、首
を振ってマークマンとボールを見ます。パスを簡単に通させず、
相手がやりたい攻撃をやらせないのが非常に重要なスキルです。

③ 急なカットにもついて行く

マークマンがカットして再びアウトサイドで
もらおうとするが、ステップしてついて行く。

④ 再びアウトサイドで

アウトサイドまで出て行っても、ディナイを
してパスをさせない。

06

ディナイディフェンス（インサイド）

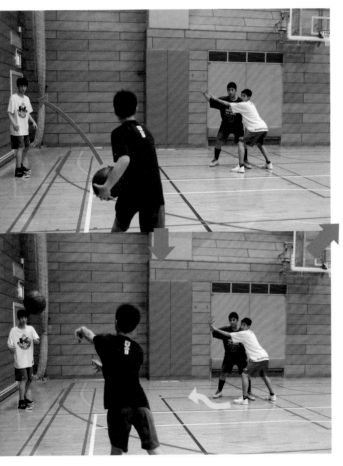

1 45度にあるとき

ボールが45度にあるときは、マークマンとリングの間に立って、パスコースに手を出す。

2 コーナーへパス

相手はパスコースがあるコーナーの選手にパスを出す。

こんなイメージ

ボディコンタクトを怖がらない

インサイドは特に身体がぶつかり合うポジションだ。身体を密着させて、外へ押し出すくらいの強い気持ちで守る必要がある。

コーチ
からの
アドバイス

センターが強いチームだと、ポストに立たれてパスを通された
ら簡単に得点されてしまいます。インサイドで、ディナイディ
ンフェンスをしてパスを入れさせないようにします。ボールの
位置によって立つ位置を変えて、適切に守りましょう。

③ マークマンの前へ移動

ボールが空中にある間にすば
やく足を前に入れて、マーク
マンの前に立つ。

④ エンドライン側から守る

足と手をマークマンの前に入
れて、パスコースをふさぐ。

状況に応じてスキルを選ぶ

前を通る、後ろを通る、完全に前に入る、半身で守るなど、色々なパターン
がある。相手の能力やゴールとの距離、方向に応じてディフェンススキルを
選ぼう。大切なのは相手を苦しめて、やりたいことをやらせないこと。

ねらい ▶ ウィークサイドで守るときの姿勢

ピストルスタンス

ボールとマークマンを指す

人差し指で自分のマークマンとボールを指す。これが出来る位置で構えることをピストル
スタンスと言う。ここまで下がっていれば、首を振るだけで両方が見られる。

こんなイメージ

「形」を覚えるのではなく見ること

ボールマンとマークマンの両方を見
ること。大事なのは、ピストルスタ
ンスの「形」ではなく、見ることだ。

ワンランクアップ

ヘルプサイドは声掛けをする

味方が相手に抜かれたとき、自分のマークを
外して助けに入ることをヘルプと言う。「カ
バーいいよ」と声を掛け、味方を助けよう。

コートを縦に割ったとき、ボールがない側をヘルプサイドと言います。ヘルプサイドの選手をマークしているディフェンスは、ボールと自分のマークマンの両方が見える位置まで下がって、ピストルスタンスで守り、ヘルプの準備をします。

ボールの位置によって移動

ボールサイドにあるときは、ヘルプサイドではピストルスタンス。ボールがトップへ返ったらディナイ出来る位置まで出る。

 こんなイメージ

1対多数の状況をつくる

バスケットボールは圧倒的にオフェンスが有利なスポーツ。1対多数をつくり、ディフェンスの層を厚くして守る必要がある。そのためにも、ヘルプディフェンスは重要だ。

08 マンツーマンディフェンス

1 3アウト2イン

アウトサイドに3人。インサイドに2人というフロアバランスでパスを回す。

2 右がボールサイドに

トップから45度へパス。インサイドではディナイ。ウィークサイドはピストルスタンス。

こんなイメージ
ヘルプサイドはヘルプ

ドライブが仕掛けられたらヘルプサイドの選手がヘルプする。いつ仕掛けても良いというルールでもやってみよう。

こんなイメージ
ボールに対してダイヤモンド

ボールに対して、ダイヤモンドの形（手前に1人、中央に2人、奥にヘルプ）を意識して層の厚いディフェンスをする。

コーチ
からの
アドバイス

5対5でオフェンスはボールを回します。ボールサイドとヘルプサイドのディフェンスの役割を覚えることが大前提です。常に良いポジションを心掛け、1対多数をつくり、層の厚いディフェンスを意識しましょう。

③ 左が ボールサイドに

再びトップを経由して左45度へ。インサイドはディナイ。ヘルプサイドは下がる。

④ インサイドへ 入れてもOK

ディナイが出来ていなければインサイドへパスを入れてみる。

動きのコツ

相手がパスしている間にポジションを変える

相手選手のパスが成功したのを見てから自分のポジションを変えようとしても、それでは遅い。移動中にポジションを変えて、ボールが移動したときは1対5の状況になることが大事。

リバウンド

相手を外へ押し出す

リングから弾かれたボールを奪い合うため、リングに近い位置にいる方が有利。自分のマークマンを外に押し出すのが鉄則だ。

リバウンドは攻撃回数を決めます。オフェンスリバウンドが取れれば、もう1度攻撃出来ます。逆にディフェンスリバウンドを失えば守備を続けることになってしまうのです。得点と並んで記録されることからも、リバウンドの重要度がわかります。

内側へ身体を入れる

ポストプレーヤーを上からディナイしていると、このままの位置ではリバウンドに不利。すばやく身体を滑り込ませて（②）、位置を入れ替える。

動きのコツ

良いポジションをとらせない

上体を起こして相手の前に立てば、相手に簡単に回り込まれない。また、ジャンプやキャッチの準備へつながる予備動作に移れる。

10 ヒットファーストと ファストヒット

1 マークマンをディナイ

自分のマークマンをディナイしている。アウトサイドからシュートが打たれた。

2 すばやくヒットする

シュートが打たれた次の瞬間にはマークマンを捉えて身体や腕を当てる。

動きのコツ

あくまでも自分のエリア内で行う

ハンドワークと同様に、原則はあくまでも自分のエリアの中で行うこと。この原則を破ると、ファウルになる可能性が高い。

コーチ
からの
アドバイス

リバウンドを有利にするための約束事が、ヒットファーストとファストヒットです。ヒットファーストは、まずマークマンに身体や手を当てることが大事という意味。ファストヒットは、身体を当てるまでの時間を出来るだけ速くするという意味です。

3 ファールに注意

腕で押さえるのは良いが、手を使って押すとファールになってしまうので注意する。

4 リバウンドで有利になる

相手をリングから離せたので、リバウンドを有利に出来る。

こんなイメージ

先に動いて相手のバランスを崩す

相手の身体に当たるとき、どちらが主導権を握っているかが大事。自分から身体を当てていれば、リバウンドを取るためにすぐ離れられるが、当てられていると跳びにくい。

スクリーンアウト（ボックス）

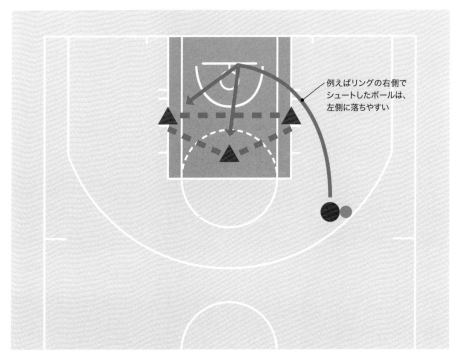

例えばリングの右側で
シュートしたボールは、
左側に落ちやすい

落ちる場所を予測

シュートが入らなかったとき、ボールはシュートした選手の反対側へ弾かれることが多い。バックボードに当たったときの角度、シュートしたときのリングとの距離も、ボールが落ちる場所に影響を与えるが、7～8割は逆サイドに落ちる。逆サイドの選手は自分のところに落ちると予測して準備することが大切だ。また、図のように三角形を作れば、どこに落ちても対応できる。

リバウンドをオフェンスに取らせないために、有利な位置を確保することを、スクリーンアウトと言います。相手の攻撃を終わらせ、自分たちの攻撃へ移る大事なプレーです。確実に奪うためにも、オフェンスをゴール下へ入れさせないことが大切です。

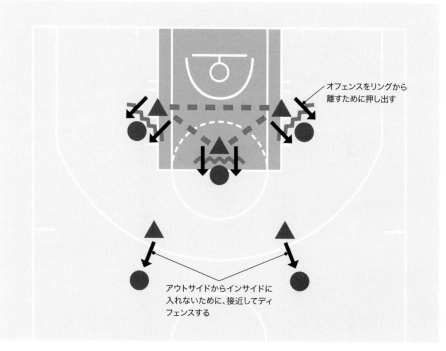

オフェンスをリングから離すために押し出す

アウトサイドからインサイドに入れないために、接近してディフェンスする

ボディコンタクトをする

ディフェンスリバウンドを失わないための鉄則が、ヒットファーストとファストヒットだ。インサイドの選手はペイントエリアをしっかりと固めて、自分のマークマンを外へ外へと押し出すようにする。アウトサイドにいる選手は、飛び込まれないようにシュートされた瞬間にボディコンタクト。身体が当たることを嫌がっていると、脇をすり抜けられて、飛び込まれてしまう。

12 ゲーム中での ポジション取り

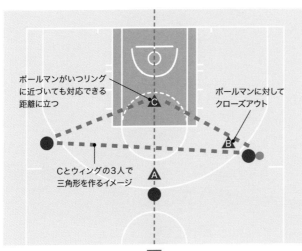

ボールマンがいつリング
に近づいても対応できる
距離に立つ

ボールマンに対して
クローズアウト

Cとウィングの3人で
三角形を作るイメージ

1 ヘルプサイド は下がる

ウィングにボールがあると
き、ボールマンに対しては
クローズアウト。ヘルプサ
イドでは、ドライブに対し
てヘルプディフェンスが出
来る位置まで下がる。

ドライブ

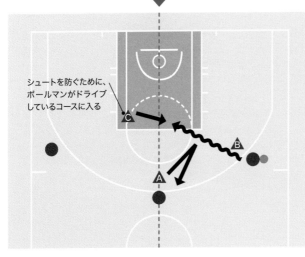

シュートを防ぐために、
ボールマンがドライブ
しているコースに入る

2 ドライブには ヘルプ

相手選手のドライブが始まっ
たら、ヘルプサイドで控え
ていたディフェンスはすぐ
にドライブのコースに入る
(ヘルプディフェンス)。
Bはドライブ中の相手に1
歩寄ってショーディフェン
ス(ボールマンに向かうよ
うに見せかけるフェイント)
をして警戒させ、元々のマー
クマンに戻る。

コーチ
からの
アドバイス

コートを縦に2等分したとき、ボールがある側をボールサイド、ボールがない側をヘルプサイドと呼びます。ヘルプサイドの選手は、自分のマークマンとボールの位置に応じて的確にポジションを変えます。

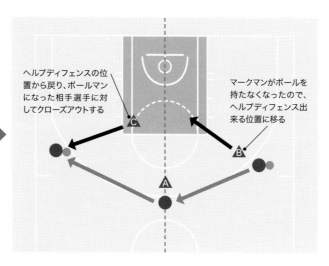

サイドへ

ヘルプディフェンスの位置から戻り、ボールマンになった相手選手に対してクローズアウトする

マークマンがボールを持たなくなったので、ヘルプディフェンス出来る位置に移る

③ サイドが入れ替わる

ボールがトップポジションを経て逆サイドへ回されたら、ヘルプサイドとボールサイドが入れ替わる。新しくボールサイドになった側のディフェンスは、ヘルプディフェンスが出来る位置から移動して、ボールマンになった相手選手にクローズアウトする。新しくヘルプサイドになった側の選手は逆に、マークマンから離れてヘルプディフェンスが出来る位置まで下がる。

こんな**イメージ**

3つのラインを意識して守る

インライン（ボールマンとリングまでを結んだ仮想の線）、ボールライン（ボールマンと左右のサイドラインを結んだ仮想の線）、ミドルライン（リングとリングを結んだ仮想の線）の3つを常に意識して、ディフェンスは立ち回ろう。

「出来る」と「わかる」
（認知する）

　みなさんは「分数の割り算」は出来ますか？　「どのように」計算するでしょうか？　1/2÷1/2の場合には、片方の分母と分子をひっくり返して計算しますよね。では、なんでひっくり返すのでしょうか。ひっくり返す理由が分からないままでは、分数の割り算は「出来る」のですが、「理解は出来ていない」状態になります。

　本当にスキルを身につけ、成長し、ワンランクアップして行くには「出来る」と「わかる」の両方が不可欠になります。ただシュートが入るだけではなく「どうして、そのようにボールを持つのか」「まっすぐ飛ばすためには、こういうふうに指を使う」など、そこまでよく理解を深めて、自分の言葉で説明出来るようになることが重要です。

　ただし、技術や考え方は、本書で紹介したものはたくさんある中の1つにしかすぎません。ご自身がバスケットボールをして行く中で、色々な知識や情報の取捨選択をして「自分らしさ」に出会いながら、「出来る」と「わかる」を追求するようにして下さい。

基本戦術の
練習メニュー

バスケットボールには様々な戦術がある。
ここからはすぐに実践出来る基本的な戦術を紹介して行く。

01

パス&ラン

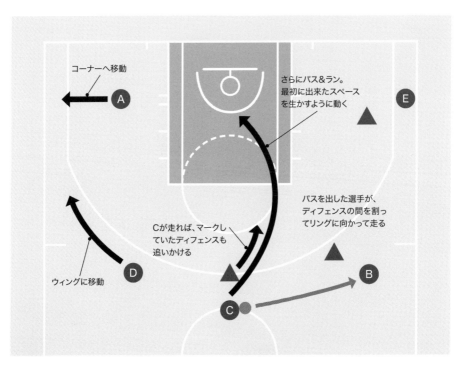

コーナーへ移動

A

さらにパス&ラン。
最初に出来たスペース
を生かすように動く

E

パスを出した選手が、
ディフェンスの間を割っ
てリングに向かって走る

Cが走れば、マークし
ていたディフェンスも
追いかける

D

ウィングに移動

B

C

1 距離感を保つ

味方同士が近すぎると、お互いを邪魔してしまう上に、ヘルプディフェンスがしやすくなってディフェンス側が有利になる。チームで適切な距離感を決めて、それを保つようにする。

2 パスのレーンを見つける

トップポジションにいるCがウィングにいるBにパス。その後すぐにディフェンスの間を割って走り、リングに向かう。Cをマークしていたディフェンスも追いかけるので、先ほどまでCがいた場所にスペースが生まれる。Bはそのスペースからドライブや、他の味方へのパスが出来る。

コーチからのアドバイス

パスをしたら走る。これを基本としたオフェンスがパス＆ラン です。選手が走ればディフェンスもついて行くため、元いたと ころにスペースが生まれます。このときディフェンスのバラン スが崩れるので、それを利用して攻めます。

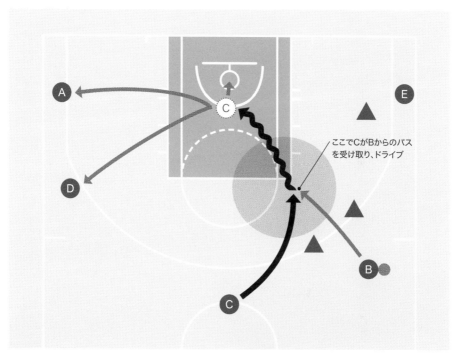

ここでCがBからのパス を受け取り、ドライブ

3 良いところで受ける

また、BはCが走っているコースに向けてパ スも出来る。CがBからのパスを受け取れば、 そこからドライブしてシュートを狙える。仮 に相手選手のヘルプディフェンスがきたとし ても、AやDにパスが出来る。

4 リングに正対してもらう

パスを受けるときは、リングに正対してもら うのが原則。このときパスを止められないよ うにパスを受けた選手は、体の幅を使って ボールとターゲットハンドを相手からプロテ クトすること。

02 ドライブに対する合わせの動き

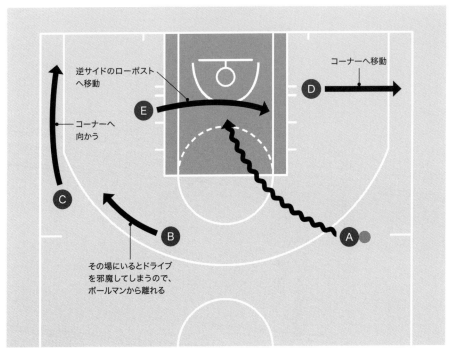

逆サイドのローポスト
へ移動

コーナーへ
向かう

コーナーへ移動

その場にいるとドライブ
を邪魔してしまうので、
ボールマンから離れる

1 ドライブに合わせて動く

Aのドライブが始まったら、残りの4人には4パターンの動きがある。Aと近い位置にいるBはドライブを邪魔しないために、その場を離れる。アウトサイドのCは自分のいるサイドのコーナーに向かう。ローポストのDとEはそれぞれ、Dがコーナーに向かい、EはDがいたポジションに移ることでAがパスしたいときのコースを作る。

動きのコツ

ボールマンの見える場所まで動く

ボールマンが動きやすい、パスを投げやすい状況を作ることを優先して、エリアを移動すること。ディフェンスからずれてスペースを作り、ボールマンのビジョンに映るところにパスのレーンをつくろう。

コーチ
からの
アドバイス

ドライブが始まったら、ボールマンが優先というのが原則です。周りの選手はドライブを仕掛けた選手のコースを邪魔しないように離れたり、パスコースが確保出来る位置へ動いたり、リングへ飛び込んだりします。

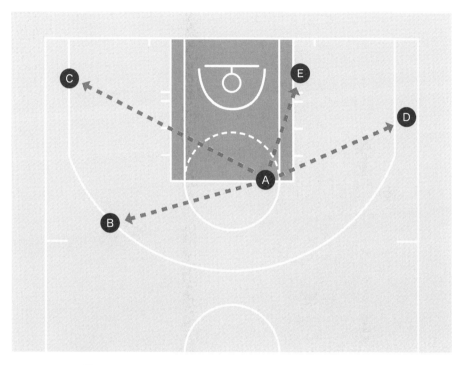

2 ミドルラインを崩す

ミドルラインへのドライブや、ハイポストにボールを入れると、パスのレーンがたくさん出来るので、どこへでもほぼ等距離でパスが出せる。

03

キックアウト

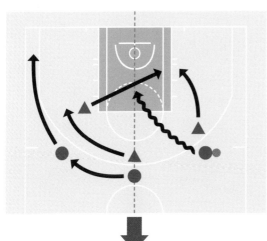

1 ミドル側へ ドライブ

ウィングからミドル側へドライブを
仕掛ける。他の選手はパスレーンを
確保するように動く。
ミドルラインに沿ってリング手前ま
でドライブし、ディフェンスを自分
に引きつけよう。

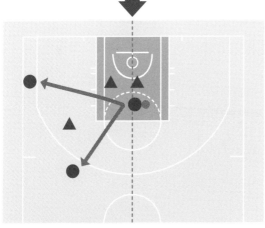

2 コートを広く使う キックアウト

ドライブを止められたらキックアウ
ト。コートを広く使っているため、ディ
フェンスが戻るのに時間が掛かる。

動きのコツ

パスを工夫する

キックアウトは、サイドスナップやオーバー
ヘッドパスが有効。ディフェンスや味方の位
置や距離によってパスを工夫する。

コーチ
からの
アドバイス

ドライブを仕掛けてカバーディフェンスを引きつけ、ノーマークになったアウトサイドでシュートを狙います。このときのパスをキックアウトと呼びます。ミドル側にドライブすると、パスコースが多いのでチャンスが作りやすくなります。

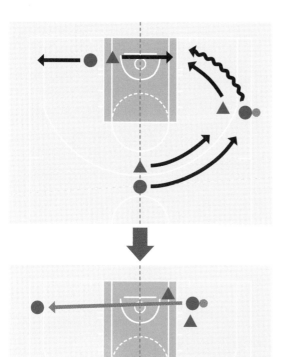

1 エンドライン側へドライブ

エンドライン側にドライブを仕掛ける。残りの選手は、パスレーンを作るように動く。

2 キックアウトして攻撃

ヘルプディフェンスを引きつけてキックアウト。ディフェンスが戻る前にシュートを狙える。

こんなイメージ

パスのレーンを作る

パスを受ける側は、レーンを確保するため、ディンフェンスとのずれを作る。パスを出す側もボールを動かしてレーンをずらそう。両者の意図を共有することが大事。

04

ピック&ロール①

Aパターン

① ③ ② ④

1 ウィングにパス

Bは自分のマークマンをインサイドに押し込んで、Vカットで飛び出し、良いポジションでAからパスを受ける

2 スクリーンをセット

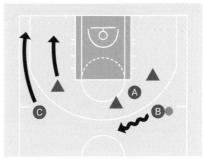

パスを出したらその選手をマークしているディフェンスにスクリーンを掛ける。

コーチからのアドバイス

ディフェンスのコースに立って自由に動けなくすることをスクリーンと言います。ディフェンスは、マークマンを交替する（スイッチ）か、強引について行く（ファイトオーバー）かなどを選択します。その隙を利用して攻撃を展開していきます。

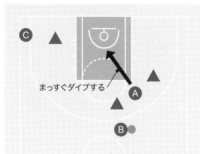

まっすぐダイブする

3 ダイブする

ディフェンスはスイッチ。スクリーナーのAはゴールへ向かってダイブする。

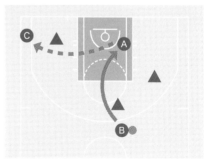

4 シュートかアウトサイドへ

パスを受けたらそのままドライブにも行ける。ヘルプがきたらアウトサイドへ。

05 ピック&ロール②

Bパターン

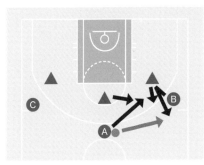

1 スクリーンをセット

Vカットした選手にパスを出して、スクリーンをセットする。

2 ドライブからシュート

ディフェンスがスクリーンの選手を守っているのを見て、ドライブしてシュート。

コーチ
からの
アドバイス

プレーには表があれば、裏があります。表のプレーが止められたら裏。裏がダメなら表、というようにディフェンスの対応によって、瞬時にプレーを変化させて行くことが大事です。ここでは2つのパターンを紹介します。

Cパターン

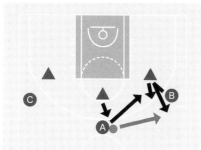

1 ウィングにパス

Aはパスを出したらスクリーンをセットする。

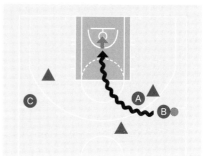

2 そのままシュート

ディフェンスが外側に大きく出たら、間をすり抜けるようにドライブしてシュート。

06

ピック&ロール③

Dパターン

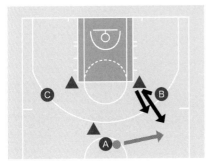

1 Vカットした選手にパス

トップからVカットした選手にパスを出す。

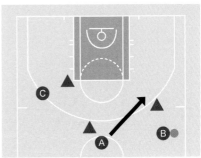

2 スクリーンをセット

パスを出したら、そのままスクリーンをセットするために走る。

コーチ
からの
アドバイス

コートには奥行き（広さ）と幅（深さ）があります。これを有効に利用して攻撃を組み立てましょう。ここではスイッチしたディフェンダーが、ミドルレーンへのドライブを止めようとしたパターンを紹介。直接リングへ向かって仕掛けて行けます。

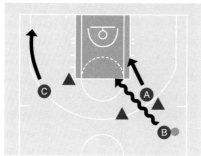

3 ミドルレーンへのドライブ

ウィングからミドルレーンへのドライブを、Aについていたディフェンスがスイッチして止める。

4 切り返してゴールへ

ディフェンスの動きを予測し、間を割って入りドライブする。インサイドへのパスも出来る。

07

ピック&ロール④

Eパターン

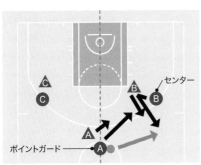

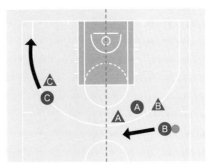

1 Vカットにパス

センターのBがVカットで鋭く飛び出したところへ、ポイントガードのAがパスを出す。

2 スクリーンをセット

Bについていたディフェンスに、Aはスクリーンをセット。Bはミドルラインにドライブし、Cはコーナー側に移動する。

コーチ
からの
アドバイス

ピック＆ロールをサイドの違うポジションで行うと、ディフェンスがスイッチしたときミスマッチが生じます。アウトサイドはPGをCが守り、インサイドではCをPGが守るということになるため、それを利用して有利に攻撃が展開出来ます。

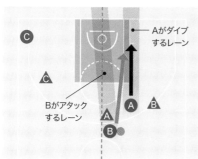

Aがダイブ
するレーン

Bがアタック
するレーン

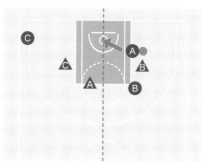

3 ディフェンスがスイッチ

ディフェンスがスイッチし、ミスマッチが生じて２つのレーンが出来る。Aはリングに向かい、Bは空いたスペースからパスを出す。

4 ロールしたセンターにパス

Aにパスが通り、シュートが成功。このようにアウトサイド、インサイドで互いを守り、ミスマッチを誘い有利にする。

「ちゃんとがんばれば、必ず成長出来る」

自己評価をして、自ら成長出来る選手になる

なかなかうまくならない。そう言う人は、がんばる方法に問題があるかもしれない。

日々の練習やスキルは、ただ覚えるだけでは成長につながりにくい。「いつ、どこで、どう使うことが有効なのか」を理解する必要がある。「大事なポイントはなんだろうか？」「自分はその目標とするスキルに近づいているのか？」「どうしたら近づけるのか？」そのように自分をモニタリングする振り返りが、大きな成長につながります。

BASKETBALL DESIGN

Fact &Troubles	例：フリースローが外れた
Why?	例：ボールがゴールの横にずれたから
How?	例：ずれないように、ナビゲートハンドをていねいにする

非認知スキルを伸ばす

バスケットボール選手の能力は、得点やリバウンド数など数字で表せるものと、判断力、思考力、表現力など数字では表せないものがある。後者を非認知スキルと言って、こちらの重要度も高い（これが、成長のキーワード）。非認知能力を伸ばすには、実際に体験し、それを振り返って考える、という過程が大切だ。

バスケットボールは、学力を伸ばす素晴らしいツール

「上手になりたい」と思って練習にのぞむことや、主体的に取り組むことは習慣型の学習につながります。また、先生やコーチに教わったり、映像や本で知識・技能を学ぶことは出力型の学習につながります。特に出力型の学力で大事な思考力・判断力・

表現力を身につけるには、めまぐるしく状況の変わるチームスポーツであるバスケットボールは最高の環境。練習と試合で、習慣型と出力型の学力を育てるバスケットは、最強の学習ツールと言えるでしょう。

 ## ボールハンドリングシート

　ボールハンドリングのモニタリングシートを紹介しましょう。各スキルについて、自らの到達度合いを◎から×まで4段階で評価します。どこが得意で、どこが苦手かが一目で見られるので、自分が何に取り組むべきかがわかります。前項の「原因」と「改善」の考え方も取り入れて、自ら成長出来る選手を目指しましょう。

（1）「その場で」（シャドー）

ディフェンスの邪魔や移動範囲の制限などは設けずに、正しいフォームで出来ることを目指す。

（2）「動きながら」（ダミー）

コーンを置いて、数メートル手前からドリブルを開始。コーンの手前で各スキルを行い、すみやかにコーンを通過する。動く方向を決めたディフェンスを相手にやっても良い。ディフェンスはスティールなどを狙わない。これをダミーディフェンスと言う。

（3）「選んで、決める」（ディシジョンメイキング）

これもダミーディフェンスで行うが、どちらに動くかは決めない。ディフェンスの動きを認知し、判断する。それをプレイに反映するのが目的になる。

（4）「戦う」（ライブ）

ディフェンスは真剣に行い、隙があればスティールを狙う。1対1やゲーム形式で行う。

ボールハンドリング「自由な方向転換」の「自分モニタリング」シート

	その場で （シャドー）	動きながら （ダミー） コーンや決まった動きをする ディフェンスを入れて
フロントチェンジ （クロスオーバー）	◎・○・△・×	◎・○・△・×
レッグスルー	◎・○・△・×	◎・○・△・×
ビハインドザバック	◎・○・△・×	◎・○・△・×
ロール	◎・○・△・×	◎・○・△・×
バックチェンジ	◎・○・△・×	◎・○・△・×

◎左右、同じように出来るようにしましょう。

選んで、決める （ディシジョンメイキング） どちらに動くかわからない ダミーディフェンスを入れ、 どちらかを認知・判断してプレイする	戦う （ライブ） 対人練習やゲームのなかで
◎ ・ ○ ・ △ ・ ×	◎ ・ ○ ・ △ ・ ×
◎ ・ ○ ・ △ ・ ×	◎ ・ ○ ・ △ ・ ×
◎ ・ ○ ・ △ ・ ×	◎ ・ ○ ・ △ ・ ×
◎ ・ ○ ・ △ ・ ×	◎ ・ ○ ・ △ ・ ×
◎ ・ ○ ・ △ ・ ×	◎ ・ ○ ・ △ ・ ×

2 シュート用シート

　成功率の高いシュートを目指すために、シュートの仕組みを理解することは重要です。シュートが外れた原因を分析する手助けになるからです。シュートはボールがリングを通過したら成功ですから、リングに対して入射角が90度に近い方が許容範囲は大きくなり、角度が小さくなるにつれて許容範囲も小さくなります。ただし入射角を大きくしようとすると、それだけリリース角度も大きくしなければならず、滞空距離が長くなります。つまりシュートの入射角は大きいほど良いのですが、飛距離とのバランスを考える必要があるのです。

真上 60° 45° 30°

リングの直径は
45cm。

男子中学生の場合、
ゲームで使うボールは
7号(直径24.5cm)、
女子中学生の場合は
6号(23.2cm)を使う。

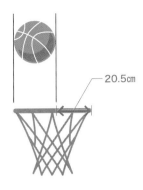

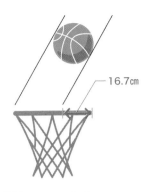

— 20.5cm

— 16.7cm

（1）真上からのシュートの
許容範囲

　ボールが真上から落ちたとき、リングとボールの間には20.5cmの許容範囲がある。この範囲内のずれならリングに弾かれることはない。

（2）60°のシュートの
許容範囲

　入射角が60度のシュートの許容範囲は16.7cm。この角度でシュートが打てるのが理想的だ。

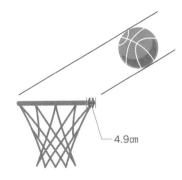

— 10.3cm

— 4.9cm

（3）45°のシュートの
許容範囲

　入射角が45度のシュートの許容範囲は10.3cm。これを下回るシュートは打たないという目安になる。

（4）30°のシュートの
許容範囲

　入射角が30度のシュートの許容範囲は、4.9cmまで下がる。わずかなずれも許されない。

3 フリースロー用シート

　フリースロー練習を「成功した」「失敗した」の結果だけで終わらせず、原因と改善点を明確にするためのモニタリングシートです。成功率も記入しますが、たとえ高くても×や△が多いシュートフォームは改善しましょう。また×や△がついたところは、どうしたら良いかまで追求することが大切です。

(1) 心 (メンタル)

- ●「今」に集中出来ているか。前の失敗を引きずってはいないか。逆に連続成功がプレッシャーになることもある。試合になると、この他にもいろいろなメンタル要素が関わってくる。

(2) 技 (スキル)

- ●まっすぐ打てている？　①シューティングハンドの指先は？
  - ● シューティングハンドは、まっすぐに伸ばせているか。シュートが左右に曲がる原因になる。
  - ● 指先はゴール（ターゲット）に向いているか。ボールは指先の方向に飛んで行く。

- ●まっすぐ打てている？　②ナビゲートハンドは？
  - ● ナビゲートハンドが正確に使えているか。最後までしっかりとナビゲート（サポート）しなければ、ボールが目的地（リング）まで正確にたどり着かない。

- ●高く打てている？
  - ● ボールを放ったときの角度は、リングへの入射角度とほぼ同じになる。前項で説明したように、角度があるほど入る確率は高くなる。

- ●距離感のずれは大丈夫？
  - ● まっすぐ打てる、高く打てるようになったら、後は正しい距離で打つだけ。そうすれば外れることがない。

(3) 体（フィジカル）

●身体のバランスは？

- 身体の軸が左右に曲がっていたり、ジャンプをしたときに後ろに傾いたり、重心が偏っていたりなどすると、シュートが曲がったり、正確に力をボールへ伝えられない。

●修正力は？

- ミスが起きたとき、すぐに原因を見つけて修正出来れば、次のシュートに生かせる。試合になると、その日の体調やコンディションによっても変化があるので、修正力は大切な能力だ。
  この修正力が実践力になる。（1）～（3）を正しく振り返って、自分はどう修正するべきかを考えよう。

フリースローのモニタリングシート

自分をモニタリング！　△や×を○や◎にしていこう →そのためには、How（どうして?）が大事		
基本技術	心 （メンタル）	ペナルティを考えたり、 失敗を引きずったり（過去）、 ミス（未来）を考えずに、迷いなく 「今」に集中出来ていた?
	技 （スキル）	まっすぐ打てている? ①シューティングハンドの指先は?
		まっすぐ打てている? ②ナビゲートハンドは?
		高く打てている?
		距離感のずれは大丈夫?
	体 （フィジカル）	身体のバランスは?
実戦技術		修正力は?

1セット
_____本／10本 ＝ _____％

◎ ・ ○ ・ △ ・ ×

◎ ・ ○ ・ △ ・ ×

◎ ・ ○ ・ △ ・ ×

◎ ・ ○ ・ △ ・ ×

◎ ・ ○ ・ △ ・ ×

◎ ・ ○ ・ △ ・ ×

◎ ・ ○ ・ △ ・ ×

◎「なんで出来ない?」「集中出来ていたかな?」と振り返ることが大事になって行く。

◎ノーマークで迷いがない場合は、まず60％を目指そう。その後、少しずつ成功率を上げて行き、100％を狙おう。

おわりに

「大切なのは、練習よりも考え方」

　バスケットボールに興味を持っている方々、これから始める方々、ワンランクアップしたい方々、本書を選んでいただきありがとうございました。

　本書は初級者の方々やその指導に携わる方々や、ワンランクアップしたい方々のものですが、日本一になった選手たちが成長して行くなかで身につけたものです。

　成長して行くには、まず成長出来る考え方を身につけることが大切で、その上に基礎的な技術が身について行きます。

　基礎や土台はしっかりとしていて、広ければ広いほど、高い建物が出来ます。

　さらに上のレベルに成長したければ、なるべく土台を強く、広くしていかなければなりません。

　ぜひ、ワンランクアップした後にも、壁にぶつかったとき、自分を変えたいときに、本書とともに基本に戻り、また土台を固めていただけたらと思います。

　本書を読んでいただいたみなさんの中に、頑張ることの楽しさ、成長することの楽しさを理解していただき、バスケットボールで自分らしさに出会い、社会や世界で活躍して行く方が現れることを願っております。

著者紹介

森 圭司
<ruby>森<rt>もり</rt></ruby> <ruby>圭司<rt>けいじ</rt></ruby>
実践学園中学男子バスケットボール部監督

1979年生まれ。東京都出身。都立豊島高校—東海大学。小学校1年生のときに兄の影響でプレーを開始。そして高校3年生のときに母校の高田中で指導を手伝ったのがきっかけで、大学に入学後、学校統合した千登世橋中で本格的に指導を開始した。同校を東京都大会準優勝に導き、3位に3回入るなど強豪校に育て上げた。さらに大学を卒業後、実践学園に社会科の教員として赴任し、アシスタントコーチを経て2012年に監督に就任。そして2015年、2016年と2年連続で全国優勝を遂げた。男子中学生の全国中学校大会連覇は1986年以来の快挙である。

撮影に協力いただいた
実践学園グリフィンズ男子中学バスケットボール部のみなさん

編集制作	ナイスク（http://naisg.com/）
	松尾里央、岸 正章、内海舞資
取材・執筆	大久保 亘
装丁・デザイン	レンデザイン
	小澤都子
撮影	管原 淳

目で学ぶシリーズ3
見るだけでうまくなる！
バスケットボールの基礎

2020年5月1日　第1版第1刷発行

著　者　　森 圭司（実践学園中学男子バスケットボール部監督）

発行人　　池田哲雄
発行所　　株式会社ベースボール・マガジン社
　　　　　〒103-8482
　　　　　東京都中央区日本橋浜町2-61-9 TIE浜町ビル
　　　　　電話　03-5643-3930（販売部）
　　　　　　　　03-5643-3885（出版部）
　　　　　振替口座　00180-6-46620
　　　　　HP　http://www.bbm-japan.com/

印刷・製本　　大日本印刷株式会社